大展好書　好書大展
品嘗好書　冠群可期

大展好書　好書大展

品嘗好書·　冠群可期

太極跤 2

擒 拿 術

郭慎 著

大展出版社有限公司

國家圖書館出版品預行編目資料

擒拿術／郭慎 著
－初版－台北市：大展，2005【民94】
　　面；21公分－（太極跤；2）
　　ISBN 957-468-413-X （平裝）
　　1.擒拿術

528.977　　　　　　　　　　　　94016202

太極跤② **擒拿術**　　　　　ISBN 957-468-413-X

著　　者／郭　慎
責任編輯／中華民國玄牝太極健康導引學會
發 行 人／蔡森明
出 版 者／大展出版社有限公司
社　　址／台北市北投區（石牌）致遠一路 2 段 12 巷 1 號
電　　話／(02) 28236031・28236033・28233123
傳　　真／(02) 28272069
郵政劃撥／01669551
網　　址／www.dah-jaan.com.tw
E-MAIL／service@dah-jaan.com.tw
登 記 證／局版台業字第 2171 號
承 印 者／弼聖彩色印刷有限公司
裝　　訂／建鑫印刷裝訂有限公司
排 版 者／ERIC視覺藝術
初版 1 刷／2005 年（民 94 年）10 月
初版 2 刷／2013年（民102年）5月
　　　　　　　　　　　　　　　定價280元

序

　　從小就喜歡運動。小學時就跟隨外祖父東雲公學拳術、基本功與故鄉的山西角（不穿上衣下身長短褲均可），及長舉凡學校中所推動的運動，如跑、跳、擲、游泳、溜冰、基本拳術，可說無所不學。民國三十六年進入軍中至播遷台灣後，又苦學苦練了更多的軍事戰技，如拳術、柔道、擒拿、刺槍術、空手戰鬥、武裝跑、武裝游泳、超越障礙、手榴彈投擲、射擊、跆拳道以及單槓、雙槓、跳馬，還有很多美國陸軍戰技項目。雖然負荷很重，但基於自己的喜好，可以說學的非常有成就，因此調至國防部擔任國軍體育戰技訓練班教官，每年年終均赴國軍各部隊巡迴教學與考查。

　　學習擒拿術的啟蒙老師，是在復興崗政戰學校的國術教授劉木森（氣功大師），之後又向李元智大師（秘宗拳太極拳名師）學習擒拿術，雖追隨劉、李二師時日較短，但卻奠定了良好的基礎，真正受到教誨最多的是擒拿大師潘文斗（南京中央國術館專修擒拿與摔角。來

台後任憲兵學校武術總教官）。民國七十八年，中國文化大學國術系聘請，兼任摔角、擒拿課程時，又受益於國術大師王鳳亭（王大師武術功力深厚，著作豐碩，練習太極拳、功力拳、練習摔角、女予防身術、練習功力蹓腿架等），王師在九歲時，即由其家叔占山公，教以羅手（即七十二把擒拿手），能向諸大師學習擒拿術實乃機緣造化。

在復興崗政戰學校體育系任教時，曾編寫過擒拿術教材（民國六十七年出版），如今時隔三十年再來編寫，主要目的是希望給中國文化大學國術系學生，留下我多年來一些教學心得，更希望提供有興趣研究擒拿術的同學，能共同切磋，使我中華國粹能代代相傳，發揚光大。目前，奧運模式格鬥競技之外的東方格鬥空前活躍，特別是明末清初，我國武術大師陳元贇傳於日本的擒拿術（日人稱為柔術），從一九九三年開始舉辦所謂終極格鬥錦標賽以來，柔術的威力震撼格鬥武壇，巴西格雷斯柔術（由日本傳入），在多次比賽中，均以柔術獲得最高的榮譽。柔術除了同樣可以使用各種打、踢、摔之外，無論在站立，地面都可以使用柔術制伏對手，柔術比柔道地面捉牢法招數多而凶狠。

擒拿術是武術中，一種特殊的實戰技術，擒拿術之名稱有分筋、錯骨、黏拿跌法等，而其細目名稱更因我國方言眾多而著書立論的大師們撰述名稱，當然有其所

本或為動作功效或為容易記憶所用。名稱眾多僅舉數例僅供參考，如金雞鎖喉、老婆拎籃、張飛捆豬、老驢臥蹄、霸王脫盔、別翅手、倒背金人、燕子奪窩手、前抱撐瓜、白馬蹬猿等。以上動作，有拿法，有解法，亦有解脫反擒法等。但現代人平日生活中，與上述動作中的動物很少互動，以之作為假想敵值得商榷。另外，有些動作亦無法望文生義，是故本教材所述之動作，均以人體解剖為準。擒拿有所謂七十二手（三十六拿法三十六解法），實際演練可說變化無窮，積其一生精力，亦無法窺其堂奧。

筆者雖浸淫擒拿術數十寒暑，奈因資質遲鈍，僅能提出一得之愚見，供同學、同好與有興趣者參考。事實上，談武術理論固然不易，而介紹實用技術更難，欠缺與不週之處一定很多，僅以拋磚引玉的心情，就教於諸前輩。本教材編撰期間，電腦打字，影片拍攝，請楊志源、黃家榮同學協助，特此致謝。

郭慎　民國九十四年九月

太極跤②　擒拿術

目　錄

序 ··· 3

第一章、緒論 ··· 9

　第一節、擒拿術之目的與功用 ················· 10

　第二節、擒拿術之方法與要領 ················· 11

　第三節、擒拿術施術時對人體部位之生理分析 ····· 13

　第四節、擒拿術教學應注意事項 ··············· 15

第二章、擒拿術場地設備與體能訓練 ··············· 19

　第一節、擒拿場地設備 ······················· 19

　第二節、擒拿基本體能訓練法及用具 ··········· 20

第三章、擒拿技術 ··································· 37

　第一節、擒拿法 ····························· 37

　第二節、解脫反擒法 ························· 98

參考資料 ··· 160

太極跤② 擒拿術

第一章 緒 論

擒拿術為人類搏鬥中所獲得之經驗，其施術之著眼點，完全依據人體生理之脆弱部位，以最有效之方法克制敵人之要害，使其失去抵抗力，或己身被敵擒縛時，悉能從容解脫或反擒之技術。

擒拿術原名：分筋術，又名：黏拿踢法、搓骨法及地煞手，其名雖異，其法則同，均不外使敵人四肢失去作用，或關節脫臼、骨折或神經失去感覺之效用。擒拿術之動作係由拳術中之精華撰化而來，擒拿術原屬拳術，係由武當派拳師——張三豐溶創為擒拿術，即當時所謂的七十二手點按術，亦稱之謂七十二把神拿。明代陳元贇氏，曾著有——萬法全書，其中繪有擒拿摔跌之圖樣甚多，由此可知當時之擒拿術已成專門技術。明朝末年陳元贇氏東渡日本，將擒拿術與摔角術一併傳於日本，而演變成如今之柔道，復經日本政府之獎挹發揚，更奠定所謂的——武士道精神之基礎。英國人——范朋氏曾來我國研究國術，就其所得曾著科學自衛法一書，

為港、滬等地巡捕方所採用，收效頗宏，美國人亦曾以日本之柔道優點，演變成徒手自衛法，現亦為訓練：軍、警、憲的重要課目。我國憲、警機關及情治單位早將此術列為必修課目，國軍自民國四十六年起，由國防部主管訓練，作戰部門邀集專家編訂教材，選訓幹部，並巡迴各部隊教學，且列為國軍戰鬥技能之重要項目。中國文化大學自國術組成立即將擒拿術列為正式課程。

第一節　擒拿術之目的與功用

擒拿術之目的與功用有二：

一、鍛鍊敏捷、強健之體魄

經常學習擒拿術，不僅能使吾人身手矯健，行動敏捷，尤能使身強力壯，為擒拿術奠定良好基礎。

二、徒手逮捕與解脫反擒

擒拿術之目的在使學習者能以徒手逮捕敵人，或被敵人所制時，有解脫反擒拿之方法。因此，擒拿一術不獨具備消極之防禦力，且更富有積極之攻擊精神，而其作用——係對敵人身體局部之控制，以反生理之方法，控制關節，扭迫韌帶，刺激神經，使敵人失去抵抗力而就範，其效能廣，作用確實，貴機智，尚變化，藉人之力以還制其人，故無論體力之強弱，苟能嫻熟技能，則可得心應手，運用自如，而制服敵人。

第二節　擒拿之方法與要領

方法與要領（要訣）為一切運動成功之不二法門，擒拿術純以技術制伏敵人，尤須講求方法，體會要領，否則非但不能發揮技術，更且為人所乘，茲將擒拿術之要領，與初學者犯之錯誤，以及應注意之事項分述於後：

一、擒拿術之要領

擒拿術係由反生理作用而來，其第一個要領在於：控制關節，扭迫韌帶，刺激刺激神經，窒息氣管，使敵人失去抵抗力而就範。其第二個要領是：動作確實，行動機敏，及隨機而應變。擒拿術是以巧與速配合方法而使用，決不可僅憑蠻力去制伏敵人，當吾人使用一種方法而遇敵人抵抗，應立即變換另一種方法，同時亦需要以欺騙、聲東擊西、虛實、真假等動作，使敵人防不勝防而為我所控制。

二、初學擒拿術易犯之錯誤　註1

（一）用術時動作遲緩──此乃缺乏方法要領與基本訓練之原因。

（二）用術時以粗暴之舉動，僅以蠻力擒制敵人──此乃不規律之擒拿法，缺乏修養，不諳擒拿術之真正要領之故。

（三）施術時用力不適當──即非必要之用力，亦即不明瞭重點、力點、支點之作用而施術。

(四)發生外傷 —— 即平時練習時施術者不熟練擒拿之方法，而錯施壓力，被擒拿者亦不瞭解解脫之時機與要領而作頑強之抗拒。

三、擒拿時應注意之事項 註2

(一)不可猶豫遲疑 —— 猶豫遲疑，非但不足以達成目的，且自身反有陷於危險之境，故不施術則已，一旦施術時必須以疾風、迅雷之勢，果決行之，使敵人無所措手，而爲我所制。

(二)要保持主動 —— 運用擒拿術時，切記要保持主動，如是可使自己行動自由不受限制，並可防己陷於不利之地步。

(三)腦、眼、手、足務求靈活——腦爲中樞，眼司視察，而手、足則爲活動之主力，故雙手須隨時準備攻擊與防禦，而雙足所站之位置，宜平穩、敏捷、機動。

(四)若被敵所擒，應沉著冷靜，運用各種方法以求解脫，尤以我未被敵人完全擒住，而身體重心，平衡，臂、腿有一部份靈活時，更應把握時機，利用方法，設法迅速解脫並反擒之。

(五)牢記擒拿二十字訣

①、鎖 —— 鎖喉、鎖肘關節。

②、扣 —— 扣手、扣握、扣腕。

③、切 —— 切腕。

④、纏 —— 纏腕。

⑤、擰 —— 擰臂、擰頸。

⑥、按 —— 按肘、按膝。

⑦、壓 —— 軀幹緊壓、壓頸。

⑧、搬 —— 搬腮、搬額。

⑨、折 —— 折肘。

⑩、順 —— 順勢借力。

⑪、擒 —— 包括：手抓握、臂纏繞、腿絞扭。

⑫、推 —— 推臂、推肘、推肩。

⑬、拉 —— 拉肘折肩。

⑭、點 —— 以肘尖、膝蓋、拳打擊要害。

⑮、抖 —— 抓握手腕以爆發力抖整條手臂。

⑯、圈 —— 圈臂、肘。

⑰、踢 —— 以足踢身體脆弱部位。

⑱、摔 —— 以各種方法摔倒。

⑲、打 —— 拳擊、掌劈、砍、指刺。

⑳、拿 —— 擒住後將歹徒帶走。

第三節　擒拿術施術時
對人體部位之生理分析 註3

擒拿術係由：反生理作用而來，故在演練中，對人體生理結構上，易受傷或致命之脆弱部位，均應有深切之瞭解，藉供在平日練習，或正式使用時，以為控敵就範之方法，至對敵人人體生理之脆弱部位攻擊時所發生

之效果分析如下：

一、陰部及腰部 —— 以足踢、踹、蹬或以膝撞、頂，可使敵人受重傷或生命喪失。

二、脛骨部 —— 以足踢、踹可使之骨折。

三、腎臟部 —— 以拳擊、掌砍可使之重傷、致命。

四、脅部 —— 為人體之要害，以拳擊、掌砍、或手指猛戳、肘猛撞，可使重傷。

五、腕指部 —— 反折與扭可使重傷。

六、肘部 —— 以反對方向抵壓其肘，可致重傷。

七、肩頸部 —— 以掌砍擊肩與頸間部位，可使肌肉斷裂，韌帶受傷，一手把肩，一手猛推其頸向後，可使整頸骨折斷或脫臼。

八、氣管(喉部) —— 以手叉，肘鎖，或以拳、掌擊，可使之窒息、死亡。

九、顎部 —— 以拳猛擊，可擊碎之。

十、耳部 —— 以雙掌猛拍可使重傷。

十一、眼部 —— 以手指戳或挖可使之失明。

十二、鼻部 —— 以拳、掌擊砍可使之失去知覺。

十三、腦部 —— 以拳、掌擊砍可使之暈厥死亡。

十四、腹、胃、心臟部 —— 以拳、掌、足擊、砍、踢可使之死亡。

十五、肛門 —— 以足尖踢之可使之痛苦難忍。

十六、足弓 —— 用腳猛力踩、踩之會使之折斷。

十七、關節──人體所有關節如：指關節、腕關節、肘關節、肩關節、膝關節等均爲擒拿之最好部位。擒拿應以反生理之原則，反折或壓迫其關節，使之超過原生理彎曲度，即可制伏之。

十八、太陽穴──此穴在前額之兩側，左爲太陽，右爲太陰，統稱爲太陽穴，爲頭部最脆弱之處，拿之極輕亦足使人昏暈，稍重則可立即死亡。若以拳擊、掌砍更易使之死亡。

十九、天容穴──此穴在兩耳之後面，與耳平行，爲頭部後方之要穴，一旦被拿立即昏暈，重則死亡。

第四節　擒拿教學應注意事項

擒拿教育之開始，應在拳術及摔角教育完成後實施，初則練習各準備動作，使有正確之瞭解和認識，以求奠定徒手制人動作之基礎，次則演練基本動作之拿解法，以求動作之靈活貫通使用。再次則以連續拿解和角力之方式，使之能綜合發揮徒手制人之最高功效，惟一切動作皆須神速、機巧、靈敏、堅忍爲著眼。

擒拿術首應啓迪學者之機智，使對諸般動作與內容及其重要性有正確之瞭解，然後才能激起其自動學習之興趣，如此爾後教學上庶能獲得較大之效果和理想的成績，只將教學雙方應注意事項條列於後：

一、教者應注意事項：註4

(一)講解務需簡明，示範動作須確實，實習時注意學者動作之錯誤，並嚴格糾正與要求。

(二)指揮位置要適中，口令須清晰、宏亮。

(三)練習前使學者作好準備活動，尤以人體各關節部位更應有充分之活動。

(四)嚴格要求禁止學者濫用技術，力求避免意外。

(五)教者應常乘學者不備時而擒拿之，以考驗其解脫反擒之能力。

二、學者應注意事項：註5

(一)要有濃厚之研究興趣，與誠懇接受教師指導之精神。

(二)要有勇敢果決、犧牲奮鬥之精神，確實遵照方法，體會要領勤加練習。

(三)多揭疑難，以求深刻領悟，切忌嬉鬧與行為粗暴。

(四)練習時切忌大力抗拒或施術時用力不當，致發生嚴重之傷害而阻礙學習。

(五)擒制式解決之部位，應求準確，尤不宜偏修一術，蓋擒拿術乃變化多端之動作，故練習時應攻守並重，不可輕一術而厚一術，或專學擒拿而不學解脫反擒。

(六)學習擒拿術時應配合散打、及摔角技術方能得心應手，發揮擒拿技術。

【註】

註 1：董正鈞編著：國術教材，176、177頁，台北市、台灣省國術協會印行，民國41年7月。

註 2：同註177頁。

註 3：潘文斗編著：國軍戰鬥體育教材（第一輯），108頁，台北市、國防部總政治部印行，民國47年10月。

註 4：同註178頁。

註 5：同註177、178頁。

太極跤② 擒拿術

第二章 擒拿場地設備 與體能訓練

擒拿術之訓練以技術為主，但良好之場地設備與基本體能、體力之培養，亦為其重要內容，所謂：工欲善其事，必先利其器。場地設備之良窳，對於技術之訓練有決定之影響，而基本體能、體力的訓練，更是現代運動的首要條件。

第一節　擒拿場地設備 註 6

一、泥土地 —— 圓坑直徑六十公尺五十公分，深三十公分，坑內放置：粗沙、鋸木屑。

二、草場 —— 即普通青草地，大於上列場地者，可練習直立及輕微倒地之動作。

三、草墊 —— 即用於柔道、摔角之草墊。

四、棕草墊 —— 內以稻草，外包棕皮，面積為：長六公尺，寬三公尺，厚二十公分。

五、布軟墊 —— 以帆布為面，內實以棉花及鬆軟之物，如海棉、稻草、稻草等。其面積大小同棕草墊。

註 6：同註178頁。

第二節 擒拿基本體能訓練法及用具

一、臂力鍛鍊法:

【一】俯臥撐

俯臥屈肘,手指撐地,腰平直,足尖及手指以外,其他身體任何部位均不得觸地,兩臂伸直後再繼續操作,此動作旨在發達手指及肱三頭肌之力量。依此方法操作,俟臂力逐漸增加後,可在操作者背上加放重物,如:鐵片、沙包、或背負一人操作之(如圖1)。

圖1

【二】單槓懸垂引體向上

雙手正握或反握,或正反握槓軸,身體保持垂直、穩定,然後引體向上,俟下顎越過橫項後,再恢復原姿勢。如此繼續操作,此法在發達雙手握力及肱二頭肌之力量,依此方法繼續操練,俟臂力漸增後,可在操作者

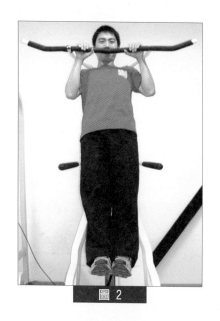

圖 2

之腳部加綁重物如：沙袋、鉛塊等操作之（如圖 2）。

【三】雙槓擺振

雙槓屈肘擺振，以身體擺振之前後水平爲準，此法在發達肱三頭肌及三角肌、闊背肌、胸大肌之力量（如圖 3）。

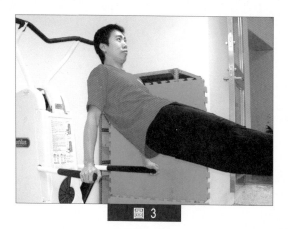

圖 3

【四】槓鈴及啞鈴等運動

　　以重量訓練之方式練習，可發達全身肌群與增強四肢力量，若無標準的槓鈴與啞鈴，可改用：石擔、石鎖等器材練習之，其練習之動作名稱及方法如下：

1.拉引上膊

圖 4

2.立正划船

圖 5

3.雙手彎舉

圖 6

4.法式推舉

圖 7

5.屈體單手划船

圖8

6.啞鈴彎舉之一

圖9

太極跤② 擒拿術

7.啞鈴彎舉之二

圖 10

8.啞鈴分腿划船或改為啞鈴彎舉之二

圖 11

二、肘、腕力鍛鍊法：

【一】兩人對拉

甲乙二人相對立，兩腿成前弓、後箭步，雙手互勾或握，用力向已身後猛拉，同時成拉鋸式互予阻力，如此反覆操練，亦可增強臂力、腿力（如圖 12）。

圖 12

【二】兩人互翻

甲乙二人均以右手或左手緊握同時屈肘，肘尖擱置桌上，或其他平面的支持物上，然後用力向右、左方翻壓。至一方手背被壓與桌面相接，即分勝負，如此對增加肘、腕、指等肌力有很大的益處（如圖 13）。

【三】雙槓端掛腕及屈肘

面對雙槓槓端，雙手手心向下正握項端，以握力及腕力吊掛，使身體下垂懸空，然後再屈肘上翻，如此反覆操練，其對腕力之增加非常大，此法練習熟練後，可

以沙袋、鉛塊等物加於練者身上，效果更大（如圖 14）。
另外雙手正撐於槓端，然後作屈肘動作，可增強肱肌及
肱三頭、闊背肌之力量（如圖 15）。

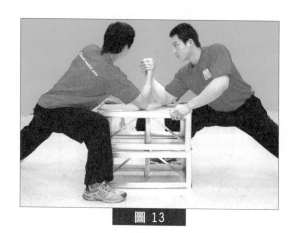

圖 13

圖 14

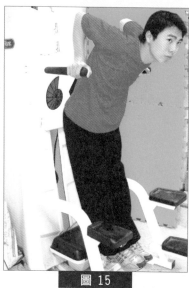

圖 15

三、抓力鍛鍊法：

【一】轉重器

轉重器之重量自三公斤至六公斤，其做法：乃以一三〇公分長之木棍，棍之中間繫以八十公分長之鐵絲或繩索，索端繫一鐵球或鐵片、重物等均可。

其操作方法為：兩腳開立與肩同寬，屈肘胸前，提起雙臂，同時雙手向內外轉動將重物捲起，然後還原，此法不但可增加抓力，亦可增加臂、腕、肘及三角肌之力量（如圖 16）。

圖 16

【二】抓罈(或罐)

　　用罈一隻，高三十公分，罈口之大小，須五指分開恰能抓牢，提起為準，初時以空罈練習，俟功力增加後，罈內盛水、盛沙或盛鐵片、石子等練習，其對抓力之加非常之大。練習時應雙手均等練習，不可單練一手，每日早晚兩次練習，其目的在增強手指之扣勁，及掌中之黏力，以鈪鈴練習亦可（如圖 17-1、17-2）。

圖 17-1

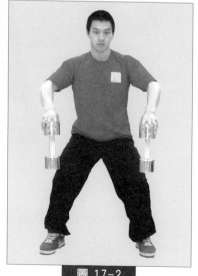

圖 17-2

【三】投擲沙袋

投擲沙袋爲練習抓力、腕力最柔和、最實用的一種方法，練法簡單，且具有娛樂價值，對甩力與抓力有很大的益處。其製法：是以粗帆布疊合縫製，袋內實以鐵沙、棉布等物，其規格爲三十五公分平方，重量可漸增，其練法爲數人圍成一圓圈，互相投傳，以右手投傳，左手接袋，再順袋方向轉身投出，或自背後翻上投出（如圖 18）。

圖 18

四、倒地法：

倒地法亦稱爲護身倒法，擒拿術乃集拳術、摔角術合而爲用之技術，因此，練習之初應多練倒地法，藉以自衛自護，倒地時不論前倒、側倒、後倒均不外兩種倒

法：一種是身體倒地時成圓形，可以化除下摔力，使四肢、軀幹不致受傷，另外一種是身體倒地時，身體將接近地面時，用手足掌拍地面，亦可減少地面之反作用力，而減輕身體之震動，此二法倘能習之純熟，雖在硬地摔跌亦不致受重傷。茲將各種倒地練習法分析如下：

【一】向前倒法

練習時兩足開立，右足略前，身體前俯，體重移於右足，右手著地，手指向左（如圖 19）之姿勢，下頜部後縮，頭向下俯，乘身體自然傾向，向前翻倒，翻時左肩著地，防止頭部觸地，當身體將近地面時，應用右手掌及左足掌用力拍打地面，不可將手腕置於脇下，曲肘僅用掌及五指著地，以免肩骨挫折之危險，若向前倒，應運用圓力，將身體似轉輪狀，向前翻滾一週並乘手、足掌拍打地面之力量同時立起。

圖 19

圖 20

【二】向後倒法

　　身體成單足下蹲向右(左)後側倒，當身體接近地面時，可用右足先拍地，以減少腰部之震動而立即左轉，使左側方著地，左手與右足齊拍地面（如圖 20）之反對方向或以身體向後倒而背部成半圓形後滾翻立即起立，亦可避免危險。

【三】向側方倒法

　　側方倒法與前後倒法略同，惟須注意拍地動作，借地面之反作用力，使腰間減少震動，如倒地之部位，近於右側者用右側倒法，近於左側用左倒法，唯須練習純熟後，才可自由運用（如圖 21）。

　　五、腿力練習法：

【一】矮步法

　　徒手矮步法可以練習身體靈活而穩健，腿胯關節柔軟有力，其對擒拿、摔角之進退閃躲有很大之功效，初

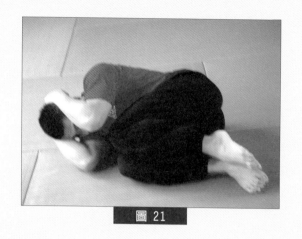

圖 21

圖 22

學擒拿術者，非多練習矮步不能功臻上乘，其練習方法：雙手抱肘在腰間，拳心向上，兩足併攏，兩腿向下全蹲，上體保持正直，走時邁大步，使雙臂前後擺動，兩眼前視，身體不可左右搖動（如圖 22）。

【二】踢沙包

擒拿術中足、膝踢打之訓練，極為重要，沙包製法，可採軟皮或厚帆布數層為面，內貯木屑及粗沙等。以鐵絲或繩索一條將沙包掛於架上，練時以足、腿、膝等部位向沙包勾格、蹬打、掃踢等方法練習之，時日一久其各部位之功力必能與日俱增。

【三】槓鈴練習法（如下圖）

1.屈膝深蹲

2.箭步頸後推舉

3.雙手抓舉

4.分腿挺舉

5.下蹲高跳

第二章 擒拿場地設備與體能訓練

太極跤②　擒拿術

第三章　擒拿技術

擒拿技術可分為：擒拿法、解脫擒法兩部份，擒拿術區分以上兩部份，其目的乃在使學者分段學習，同時在教學進行中，能習得每一動作進度之分解過程，與部位關係及技術要領，使每一學者均能有正確之瞭解，以建立應用技術之基礎。

第一節 擒拿法

擒拿法乃直接拿人之方法，敵人先向我攻擊，故為擒拿之良機，而我以假動作引誘敵人出手、出足，然後相機施術，亦為擒拿之方法，我僅以擒拿技術制伏敵人故為上策，但以拳術、摔角、柔道等技術先予敵人攻擊或反擊，再俟機使用擒術亦為良策。

一、拿手制腕法

【準備姿勢】

甲、乙二人面相對立，距離一步，兩腳開立與肩同寬，兩臂自然下垂。

【口令】1.拿手制腕法。2.準備。3.開始或一、二、三。4.停

【動作方法】

(一)、甲以右手掌心向下抓握乙手臂上（如圖23）。

(二)、甲方左足上前半步，再以左手掌心抓握乙右肘尖關節部位，同時上體微向前傾緊靠乙之右小臂，右手執乙右手腕向下壓，此時乙之右小臂在甲之胸前成水平式（如圖 24）。

(三)、甲右腿向右後轉體一八〇度，與乙成平行之方向，在轉體之瞬間，以左肘挾緊乙之右肘，左手移握乙之右手掌背（如圖 25）。

(四)、聞停之口令即恢復準備姿勢。

圖 23

圖 24

圖 25

　　（五）、要領：甲雙手抓握乙之手腕與肘不得有絲毫
放鬆，同時要用四肢與身體的合力，在轉體以左肘挾乙
之右肘時，特別注意手足與身體的配合，特別著眼於控
制乙之手腕。

二、挾肘法

【**準備姿勢**】甲、乙二人面相對立，距離一步，兩腳開立與肩同寬，兩臂自然下垂。

【**口令**】1.挾肘法。2.準備。3.開始或一、二、三。4.停。

【**動作方法**】

（一）、甲出右手迅即以手心向上握乙右掌之四指部位（如圖 26）。

圖 26

（二）、甲左足向前一步，出左手由乙之右手臂上方繞纏乙之右手肘，同時以右手臂上端挾頂乙右肘向上，同時再以左足跟為軸，身體迅向後轉體一八○度，與乙成平行方向，右手反執乙之右腕向下壓，左肘彎用力上頂乙之右肘關節（如圖 27）。

（三）、聞停之口令即恢復準備姿勢。

（四）、要領：甲出手抓握乙手動作迅速確實。抓握乙手之同時即速撤步轉體，以左手臂繞纏乙肘時要注意務使乙之手壁反轉，而易於制乙之肘腕。

圖 27

三、分指折肘法

【準備姿勢】甲、乙二人面相對立，距離一步，兩腳開立與肩同寬，兩臂自然下垂。

【口令】1.分指折肘法。2.準備。3.開始或一、二、三。4.停。

【動作方法】

（一）、乙出右手欲執甲之右手時，甲迅速乘勢反執乙右手拇指處或腕部，手心向上 (如圖 28)。

（二）、甲左足前移，右足同時後退向右後轉一八○度，此時兩膝下彎，姿勢稍低，左右手同時將乙之右臂

圖 28

圖 29

反轉並將乙之肘置於左肩上，兩膝同時向上挺伸，雙手執乙腕與指，向下拉，以折其肘，同時雙手左右分撕其指（如圖 29）。

（三）、聞停之口令即恢復準備姿勢。

（四）、要領：分指與折肘動作須同時進行，雙手拉乙手臂與雙膝挺伸動一致。

四、背後擒腕法

【準備姿勢】甲、乙二人面相對立，距離一步，兩腳開立與肩同寬，兩臂自然垂下。

【口令】1.背後擒腕法。2.準備。3.開始或一、二、三。4.停。

【動作方法】

（一）、乙出右手欲執甲右手之瞬間，甲迅以右手反執其右腕（如圖 30）。

（二）、甲右手下壓乙之右手，同時出左手握乙之右肘，右手將乙右臂推向背後，用力抵壓其腕而制伏之（如圖 31）。

（三）、聞停之口令即恢復準備姿勢。

（四）、要領：鬆開右手乘勢執乙肘時，動作必須快速同時右手執肘後用力將之拉向己方。

圖 30

圖31

五、拿腕法

【準備姿勢】甲、乙二人面相對立，距離一步，兩腳開立與肩同寬，兩臂自然下垂。

【口令】1.拿腕法。2.準備。3.開始或一、二、三。4.停。

【動作方法】

（一）、乙出右拳猛擊甲之面部，甲迅即向右側轉體，以左手執住乙之右手腕，繼出右手執乙之右手背（如圖32）。

（二）、甲鬆開左手由上向下纏在乙右手臂上，同時上左腳撤右腳向後轉體一八〇度，左手握住自己右手手臂，右手用力向下向內扣壓手腕，使乙失去抵抗力而就範（如圖33）。

圖 32

圖 33

　（三）、聞停之口令即恢復準備姿勢。

　（四）、要領：雙手交換抓握動作必須迅速，左手
纏繞乙手臂時要用全力，將乙的肘部靠近自己的腋部
以利右手扣壓。

圖 34

六、接手扭臂法

【準備姿勢】甲、乙二人面相對立，距離一步，兩腳開立與肩同寬，兩臂自然下垂。

【口令】1.接手扭臂法。2.準備。3.開始或一、二、三。4.停。

【動作方法】

（一）、乙出右拳猛擊甲之面部，甲迅速向右轉身閃躲同時出左手抓乙之手腕（如圖 34）。

（二）、甲續出右手，手心向外握乙之右手背，用力向下外旋扭並將乙之手臂頂於右臂上（如圖 35）。

（三）、聞停之口令即恢復準備姿勢。

（四）、要領：向外旋扭乙之手臂時，雙手抓握的部位要正確，同時身體必須與乙轉成平行，但面相反，雙手用力上抬使乙之手臂與肩同高，雙方手肘彎微屈。

圖 35

七、鎖腕法

【**準備姿勢**】甲、乙二人面相對立，距離一步，兩腳開立與肩同寬，兩臂自然下垂。

【**口令**】1.鎖腕法。2.準備。3.開始或一、二、三。4.停。

【**動作方法**】

（一）、甲出左手，掌心向上握乙右手之四指部位（如圖 36）。

（二）、甲左足上一步，在乙右足外側，同時出右手抓乙右手腕向內拉，並繼以右手順勢猛擊其肘彎部，使乙之肘彎屈（如圖 37）。

（三）、甲右腳向後撤同時轉體一八〇度與乙成平行方向，在轉體之瞬間，右手猛壓乙肘彎向下挾於左肘內側貼近左胸部，左手執乙之右腕背上向下加壓力（如圖 38）。

（四）、聞停之口令即恢復準備姿勢。

（五）、要領：甲右手擊乙右肘彎時動作須猛而有力，同時協助左臂將乙之右肘挾於左腋下，雙手協同將乙之手腕扭轉並下壓。

圖 36

圖 37

圖 38

八、捆臂法

【準備姿勢】甲、乙二人面相對立，距離一步，兩腳開立與肩同寬，兩臂自然下垂。

【口令】1.捆臂法。2.準備。3.開始或一、二、三。4.停。

【動作方法】

（一）、乙出右拳向甲之面部猛擊，甲即向左閃躲，同時左腳上一步，以雙手抓握乙之右臂（左手握臂肘，右手握手腕）（如圖 39）。

圖 39

（二）、雙手將乙之右臂向乙之背後擰轉，左手按壓乙之臂肘，右手握其手腕向上扳（如圖 40）。

（三）、甲左手將乙臂盡力向下按壓，使乙臂彎屈，右手將乙小臂向其身後扭轉，並將乙手腕卡於自己左臂肘彎內，再將乙之大臂向上立起，並用左手緊握乙之大

臂，向自己左後拉，乙被捆其身體必向前彎屈，此時甲再以右手握折乙之右手大拇指，加深其痛苦（如圖 41）。

（四）、聞停之口令即恢復準備姿勢。

（五）、要領：雙手握乙右臂向後撐時應注意上左步與向後拉帶乙之身體必須同時動作，向後撐臂時握乙肘部之左手應配合上步動作向內迴轉並向外推出。

圖 40

圖 41

九、上步壓腕

【**準備姿勢**】甲、乙二人面相對立，距離一步，兩腳開立與肩同寬，兩臂自然下垂。

【**口令**】1.上步壓腕。2.準備。3.開始或一、二、三。4.停。

【**動作方法**】

（一）、乙右手擰握甲之右手時，甲將右足向其右側上一大步，右手隨之伸前迅速反抓乙伸出之手，拇指在手背，四指在其掌心（如圖 42）。

（二）、甲左手協助抓握乙之手部。迅速向後退跳一大步，雙手四指勾握乙之腕部，拇指推壓乙手背向前，同時甲之上體微向前傾（如圖 43）。

（三）、聞停之口令恢復準備姿勢。

（四）、要領：甲反執乙手時上步與手的動作要適當配合，執手後迅速後退並反壓乙手。

圖 42

圖 43

太
極
跤
②

擒
拿
術

十、鎖肘之一

【準備姿勢】甲、乙二人面相對立，距離一步，兩
腳開立與肩同寬，兩臂自然下垂。

【口令】1.鎖肘之一。2.準備。3.開始或一、二、
三。4.停。

【動作方法】

（一）、乙上左步，突以右拳向甲面部猛擊，甲迅速
將身體向左側閃躲，同時以左手接握乙擊出之拳（如圖
44）。

（二）、甲右足向右前踏出一步，同時左手向左、後
猛拉，以右臂由乙右脇下穿入，由下向上迴繞乙之右
臂，並緊靠乙之肘關節，將乙之小臂向前反壓，左手再
移握乙腕轉扭之（如圖 45）。

三、聞停之口令即恢復準備姿勢。

圖 44

圖 45

　　四、要領：甲之右臂由乙之右脇下穿入向上迴繞時，應以右手腕向上猛擊乙之右大臂並向後勾帶之，同時左手用力向前推壓乙之右手，然後右手接握乙之手腕迅速向前反壓。

十一、鎖肘之二

【**準備姿勢**】甲、乙二人面相對立，距離一步，兩腳開立與肩同寬，兩臂自然下垂。

【**口令**】 1.鎖肘之二。2.準備。3.開始或一、二、三。4.停。

【**動作方法**】

（一）、乙右腳上一步，以右拳向甲腹部猛擊，甲迅向左側閃躲，轉體出左手抓乙之腕部（如圖 46）。

（二）、甲再出右手抓乙右拳部位向前扭轉，同時上右步轉體（如圖 47）。

（三）、聞停之口令即恢復準備姿勢。

（四）、要領：抓握部位要確實，右手抓乙右拳部位向前扭轉時必須與身體轉動配合。

圖 46

圖 47

十二、鎖肘之三

【準備姿勢】甲、乙二人面相對立，距離一步，兩腳開立與肩同寬，兩臂自然下垂。

【口令】1.鎖肘之三。2.準備。3.開始或一、二、三。4.停。

【動作方法】

（一）、乙出右拳猛擊甲之面部，甲迅速向左閃躲，並出左手接抓乙之手腕（如圖 48）。

（二）、甲繼出右手，手心向外抓乙之手背，同時以左肘擊乙之右手肘（圖 49）。

（三）、甲再出左足邁於乙兩足之間，左肘即刻超越乙之右手臂，雙手同時用力將乙手腕向下向內扭轉，同

時身體隨之下蹲（如圖 50）。

（四）、聞口令即恢復準備姿勢。

（五）、要領：甲出右手向外抓乙之手背，以左肘擊乙右肘時，動作要協同一致，不可分散，甲繼出左足落在乙兩腳之間，同時左肘迅速超過乙之右手臂，此時除鎖乙之肘關節外，同時用力將乙之手腕控制，身體下蹲以增協同作用力。

圖 48

圖 49

圖 50

十三、鎖肘之四

【準備姿勢】甲、乙二人面相對立，距離一步，兩腳開立與肩同寬，兩臂自然下垂。

【口令】1.鎖肘之四。2.準備。3.開始或一、二、三。4.停。

【動作方法】

（一）、乙出右手猛擊甲之頭部，甲迅速向左閃躲，並出右手接握乙之右手腕部（如圖 51）。

（二）、甲繼上左步以左立肘姿勢猛擊乙之右肘關節（如圖 52）。甲左手臂下壓，右手上抬乙之右臂，使乙失去抵抗力，而為甲控制（如圖 53）。

（三）、聞停之口令即恢復準備姿勢。

（四）、要領：甲出右手抓握乙之左手臂時，上左步以左肘猛擊乙之左肘關節，此兩動作必須緊密配合，甲繼以左手臂下壓乙之右臂，右手應上抬乙之左臂並使之豎直，如此才能收到效果。

圖 51

圖 52

圖 53

十四、鎖肘之五

【準備姿勢】甲、乙二人面相對立，距離一步，兩
腳開立與肩同寬，兩臂自然下垂。

【口令】1.鎖肘之五。2.準備。3.開始或一、二、
三。4.停。

【動作方法】

（一）、乙出右拳猛擊甲之頭部，甲迅速以左外腕上
架乙之右手臂（如圖 54）。

（二）、甲繼以左手反抓乙之右手腕部，並將之反扭
下壓抵於甲之肚臍處，同時迅速以右手臂向上反折乙之
右肘關節（如圖 55）。

（三）、聞停之口令即恢復準備姿勢。

圖 54

圖 55

（四）、要領：甲以左臂外腕向上架乙之右手臂，與左手臂反轉下扭乙之右手，必須同時進行。將乙右手臂反扭後務使其臂肘伸直並將其腕反頂己之肚臍處，右手臂由下向上反折乙之手肘時，己之身體重心應下蹲以增加協同用力。

十五、鎖肘之六（準備姿勢同前、口令：鎖肘之六）

【動作方法】

（一）、乙出左掌攻打甲之面部，甲速出右手抓、擋乙之手腕（如圖 56）。

（二）、甲立即出左臂插入乙左肘下，猛向左上方挑打乙之左肘關節，同時立即反轉其肘關節，雙手合力擒拿之（如圖 57）。

圖 56　　　　　圖 57

十六、鎖肘之七（準備動作同前、口令：鎖肘之七）

【動作方法】

（一）、乙出右拳攻打甲之面部，甲閃身出左掌向右拍擋乙之左肘（如圖 58）。

（二）、甲立即以右小臂向右上方挑擊乙之肘彎，同時上右步轉身鎖乙之右肘關節於其背後（如圖 59）。

圖 58　　　　　　　　　　圖 59

十七、拿手折腕

【準備姿勢】甲、乙二人面相對而立，距離一步，兩腳開立與肩同寬，兩臂自然下垂。

【口令】1.拿手折腕。2.準備。3.開始或一、二、三。4.停。

【動作方法】

（一）、乙出右手欲握甲之右手，甲迅速反抓乙之右手（如圖 60）（雙方成右手掌互握）。

（二）、甲左足上一步，左手虎口向右拇指在下，四指在上，用力抓住乙之右手腕部，同時右手抓握甲之右手向前反折，拇指在乙之右手背上，四指在手掌部位（如圖 61）。

（三）、要領：甲抓住乙右手猛力向前推與反折時，左手必須同時握乙之右腕部向後猛拉帶，同時足步亦應配合手的動作向前移動。

圖 60

圖 61

十八、擺拿法

【準備姿勢】甲、乙二人面相對而立，距離一步，兩腳開立與肩同寬，兩臂自然下垂。

【口令】1.擺拿法。2.準備。3.開始或一、二、三。4.停。

【動作方法】

（一）、乙以右手心向下抓握甲之左手腕上（如圖62）。

（二）、甲左手向內向上翻轉，小臂拉近身體，同時甲右手心向上扣抓乙之左手手背（如圖63）。

（三）、甲右手抓緊乙之右手向自己左下方撐壓乙之右手腕（如圖64）。

（四）、聞停之口令即恢復準備姿勢。

（五）、要領：甲雙手抓扣乙之右手時必須同時用力向懷中帶拉，與向左方扭撐才能有效制人。

圖62

圖 63

圖 64

十九、夾頸擒法

【準備姿勢】甲、乙二人面相對而立，距離一步，兩腳開立與肩同寬，兩臂自然下垂。

【口令】1.挾頸擒法。2.準備。3.開始或一、二、三。4.停。

【動作方法】

（一）、乙上右步低姿勢向甲迎面撲來，甲迅速以左手掌推擊乙之右肩以削減乙之衝力（如圖 65）。

（二）、甲繼以右臂由下向上環繞乙之頸部圈抱於右腋下，以右手握自己之左手，肩向下壓，肘向裡挾，同時挺胸、挾腰、上身向後仰（如圖 66）。

圖 65

圖 66

（三）、聞停之口令即恢復準備姿勢。

（四）、要領：甲繞纏乙頸之右小臂應盡量向上收緊，並使右小臂垂直，同時務須使乙靠近甲身側之腳向前，以防乙之撩陰動作之襲擊。

二十、鎖頸法

【準備姿勢】甲、乙二人面相對而立，距離一步，兩腳開立與肩同寬，兩臂自然下垂。

【口令】1.鎖頸法。2.準備。3.開始或一、二、三。4.停。

【動作方法】

（一）、甲上右腳至乙兩腳中央前，同時出雙手、兩臂微曲，猛拍乙之雙肩（如圖 67）。

（二）、甲雙手用力將乙之身體向後旋轉一八〇度，右臂由喉間繞至左側握於自己之左肘彎，左手同時同力

圖 67

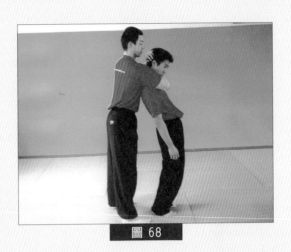

圖 68

猛推乙之後腦部向前，右肘用力向後勤乙之頸（如圖 68）。

（三）、聞停之口令即恢復姿勢。

（四）、要領：甲雙手拍乙肩之同時必須迅速將乙身體向後旋轉，雙手必須合力勒其頸，同時右腿用力抵住其後腰，使乙之身體成後仰姿勢。本動作除自敵人正面攻擊外，更可自其身後攻擊，其效果更大。

二十一、鎖頸架臂法（擒者立於被擒者背面）

【準備姿勢】甲立於乙之背後，距離一步，兩腳分開與肩同寬，雙方兩臂自然垂下。

【口令】1.鎖頸架臂法。2.準備。3.開始或一、二、三。4.停。

【動作方法】

（一）、甲右腳上一步雙手由乙之背後兩腋下穿過，向前上伸，於乙頸部之後面雙手十指交扣（如圖 69）。

（二）、雙手向下按，肘向上翹，身體向後仰，腹向前挺（如圖70）。

（三）、聞停之口令即恢復準備姿勢。

（四）、要領：甲用此法時各部動作必須協同，無論任何情況均不得鬆手，直至敵人失去抵抗力。

圖69

圖70

二十二、鎖頸抱臂法

【準備姿勢】甲立於乙背後，距離一步，兩腳分開與肩同寬，雙方兩臂自然下垂。

【口令】1.鎖頸抱臂法。2.準備。3.開始或一、二、三。4.停。

【動作方法】

（一）、甲右腳上一步，出右手由乙之右肩前伸抓握

乙之右前領，並以食指之底節抵住乙之喉部右大動脈（如圖 71）。

（二）、甲繼出左手，由乙之左臂肘處穿過，將乙左臂抱緊並以左手腕扭按乙之枕骨處，此時右手用力向右後拉，左手則盡力向前推（如圖 72）。

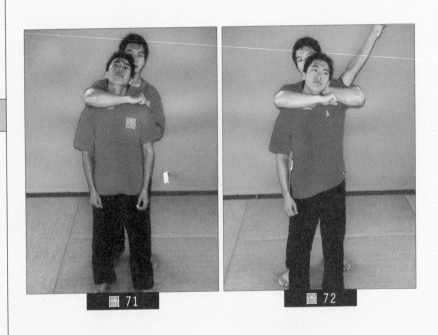

圖 71　圖 72

（三）、聞停之口令即恢復準備姿勢。

（四）、要領：甲雙手用力須協同，以身體右側抵住乙之腰部不得放鬆，直至敵人失去抵抗力。

二十三、壓腕折肘撑肩法

【準備姿勢】甲乙二人面相對，距離一步，兩腳分開與肩同寬，雙方兩臂自然下垂。

【口令】1.壓腕折肘撐肩法。2.準備。3.開始或一、二、三。4.停。

【動作方法】

（一）、乙上右步出右拳猛擊甲之面部，甲撤右步成弓步以左外腕上架乙之右臂，同時出右手迅速扣握乙之肘關節（如圖 73）。

（二）、甲右手向己胸前拉同時右手上抬乙之肘，左手用力下壓乙之手腕（如圖 74）。

（三）、甲繼撤左步，面向左後轉，雙手同時用力捲撐乙之右臂，甲將乙撐摔倒地後，以左足壓乙之手腕，右手可擊乙之頸部或搜乙之身體（如圖 75）。

（四）、聞停之口令即恢復準備姿勢。

（五）、要領：甲左手上架乙之臂與右手扣抓乙之肘關節必須動作一致。雙手向懷內拉帶乙之手肘與撤左步撐摔動作尤應密切配合。

圖 73

圖 74

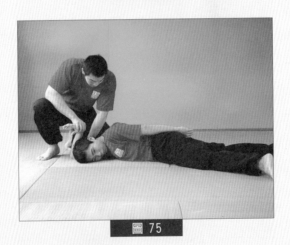

圖 75

二十四、捋臂壓肘法

　　【準備姿勢】甲乙二人面相對而立，距離一步，兩腳分開與肩同寬，雙方兩臂自然下垂。

　　【口令】1.捋臂壓肘法。2.準備。3.開始或一、二、三。4.停。

【動作方法】

（一）、乙上步握右拳向甲腹部打來，甲速撤右步轉身，右手反抓乙之右手腕，左手抓握乙之右肘關節用力下壓（如圖 76）。

（二）、甲撤右步，右手向右側拉，使乙伏臥於地，甲成蹲屈姿勢（如圖 77）。

（三）、聞停之口令即恢復準備姿勢。

圖 76

圖 77

（四）、要領：甲捋乙之臂與轉身必須密切配合，向前拉乙伏地與控制乙之關節更應確實配合。

二十五、崩折肘法

【準備姿勢】甲乙二人面相對而立，距離一步，兩腳分開與肩同寬，雙方兩臂自然下垂。

【口令】1.崩折肘法。2.準備。3.開始或一、二、三。4.停。

【動作方法】

（一）、乙上右步出右手向甲領、胸部抓握，甲迅速以右手心向下扣握乙之右手腕部（如圖 78）。

（二）、甲繼以左腿爲軸，右腿後撤，左手臂自乙之右大臂下穿過伸到乙之胸前（如圖 79）。

（三）、甲繼以左腿猛踢乙之右膝蓋，同時身體向右後旋轉，右手向後方猛拉，以肩部緊頂乙之肘關節將乙摔倒地（如圖 80）。

圖 78

圖 79

圖 80

（四）、聞停之口令即恢復準備姿勢。

（五）、要領：要做此動作時，特別應注意崩摔的動作一定要配合的恰到好處，方能發揮其效果。

二十六、抓腕壓肘法

【**準備姿勢**】甲乙二人面相對而立，距離一步，兩腳分開與肩同寬，雙方兩臂自然下垂。

【**口令**】1.抓腕壓肘法。2.準備。3.開始或一、二、三。4.停。

【**動作方法**】

（一）、乙上右步以右拳猛擊甲之小腹部或胸部，甲迅速向右轉身閃躲，同時左手手臂撥乙之肘部（如圖81）。

（二）、甲繼以左手手心向下抓握乙之右肘關節，右手抓握乙之右手腕，同時將乙之右手腕置於甲之右膝上，並以左手掌猛力下壓乙之肘關節（如圖82）。

（三）、聞停之口令即恢復準備動作。

（四）、要領：乙向甲腹部攻擊之同時，甲必須迅速

圖81

圖 82

轉身閃躲並以左手臂攔擋其手臂，同時向前順拉，使乙失平衡，然後即以前述方法控制之。手、足、身法、眼睛務須緊密配合。

二十七、捲腕擒法

【準備姿勢】甲乙二人面相對而立，距離一步，兩腳分開與肩同寬，雙方兩臂自然下垂。

【口令】1.捲腕擒法。2.準備。3.開始或一、二、三。4.停。

【動作方法】

（一）、乙上右步以右拳猛擊甲之胸、腹部，甲即速向右轉身閃躲，並以左手臂向右擋開乙之小臂（如圖83）。

（二）、甲繼以右手掌緊抓乙之右手背上，左手手心向下抓握乙之右手掌部位，然後雙手合力將乙之右手腕

向左後扭轉，並盡力向前下方拉壓（如圖 84）。

（三）、聞停之口令即恢復準備姿勢。

（四）、要領：本動作之著眼點，在於雙手合握後向左迴捲之一瞬間，此動作必須手、足合力，迅速乃能成功。

圖 83

圖 84

二十八、上步鎖喉法

【準備姿勢】甲乙二人面相對而立，距離一步，兩腳分開與肩同寬，雙方兩臂自然下垂。

【口令】1.上步鎖喉法。2.準備。3.開始或一、二、三。4.停。

【動作方法】

（一）、乙上右步以右拳向甲之腹部猛擊，甲速向左轉身，同時上左步，並以左手手心向向上抓握乙之右肘關節（如圖85）。

（二）、甲繼以左手向前拉乙之右臂，同時上右步以右手掌心向下虎口向前鎖乙之喉部（如圖86）。

（三）、聞停之口令即恢復準備姿勢。

（四）、要領：此動作著眼在於甲閃身上步抓握乙之右臂之同時必須先將乙之身體向前拉，再上右步以右手鎖乙之頸部。

圖 85

圖 86

二十九、鎖喉反摔法

【準備姿勢】甲乙二人面相對而立，距離一步，兩腳分開與肩同寬，雙方兩臂自然下垂。

【口令】1.鎖喉反摔法。2.準備。3.開始或一、二、三。4.停。

【動作方法】

（一）、乙上右步以右拳攻擊甲之面部，甲速向右閃身同時出雙手抓握乙之右腕與肘部（如圖 87）。

（二）、甲繼上右步跨向乙之右側身後，同時左手向前上拉送乙之右臂，右臂乘勢環繞乙之頸部（如圖88）。

（三）、甲繼以上體前傾，右臂下壓，右腿向後猛打的動作將乙猛力拋於地上，乙必摔昏（如圖 89）。

（四）、聞停之口令即恢復準備姿勢。

図 87

図 88

図 89

（五）、要領：甲以左手向前上拉乙右臂之同時，跨右大步邁向乙之身後，並以右臂自前向後鎖乙之喉部。手足動作必須配合恰到好處方能奏功。

三十、抱臂封眼法

【準備姿勢】甲立於乙背後，距離一步，兩腳分開與肩同寬，雙方兩臂自然下垂。

【口令】1.抱臂封眼法。2.準備。3.開始或一、二、三。4.停。

【動作方法】

（一）、甲上左步與乙接體，同時以右臂肘圈抱乙之右手臂並靠於己之右肩使之伸直（如圖 90），繼以左手掌心向下封乙之眼並抹壓乙之眉部（如圖 91）。

（二）、聞停之口令即恢復準備姿勢。

（三）、要領：甲上步圈乙之臂與左手封其眼必須盡配合。

圖 90

圖 91

三十一、圈肘斷臂法

【準備姿勢】甲乙二人面相對而立，距離一步，兩腳分開與肩同寬，雙方兩臂自然下垂。

【口令】1.圈肘斷臂法。2.準備。3.開始或一、二、三。4.停。

【動作方法】

（一）、乙上右步以右手掌向左欲抓甲之腰部欲使用臀摔法（如圖 92）。

（二）、甲迅速以左手自乙右臂下穿過圈乙之手肘關節，同時右手手心向下抓握乙之右肩部，左手再抓握己之右小臂，用全力扭折乙之肘關節及手腕關節（如圖 93）。

（三）、聞停之口令即恢復準備姿勢。

圖 92

太極跤② 擒拿術

圖 93

　　（四）、要領：本動作之使用時機，應在乙已抓緊甲腰部之同時反應，過早，過晚均無法發揮功效。圈臂與右手反抓乙之肩必須相互配合。

　　三十二、雙臂捆擒法

　　【準備姿勢】甲乙二人面相對而立，距離一步，兩腳分開與肩同寬，雙方兩臂自然下垂。

【口令】1.雙臂捆擒法。2.準備。3.開始或一、二、三。4.停。

【動作方法】

（一）、乙以右拳由上向前下猛擊甲之頭部，甲上身向前微傾，使乙之右臂落己肩上（如圖 94）。

（二）、甲以右手緣乙頭部之後面向前伸，以左手緣乙之右腋下向前下伸，同時上身隨向前俯，乙之頭部必向前下低，甲再以雙手抓住乙之左手肘，猛向回拉，同時左肩向前頂，乙則無法逃脫（如圖 95）。

（三）、聞停之口令即恢復準備姿勢。

（四）、要領：甲之動作須快，雙手捆擒乙之手臂時，左膝應緊頂乙之右側身體，不得有絲毫之鬆懈，即使乙滾倒鬆手亦不可放鬆。

圖 94

圖 95

三十三、倒地單臂彆臂擒法

【動作方法】

乙如側臥在地，甲乘勢騎坐乙之腰部，以雙腿緊夾乙腰部，將其上面之手置於己肩上，以雙手按住乙之肘關節，猛力向後壓，同時肩向前頂，則乙肘重則脫臼或韌帶受傷，輕亦無法逃脫（如圖 96）。

【動作要領】

肩與手必須協同一致，用力宜大。

圖 96

三十四、倒地壓扭擒法

【動作方法】

乙如仰倒地，甲乘勢於一側撲倒壓於乙身上，以腰部壓住乙之腰部，勿使掙脫，以右手抓握乙右手腕向下緊拉，左手抓乙之右肘下按，並將乙之左臂向上豎直，則乙無法脫逃（如圖 97）。

【動作要領】

甲之動作須快，雙臂與身體密切配合。

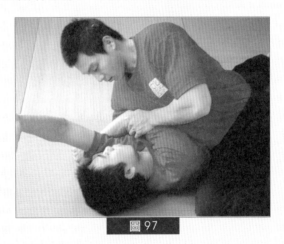

圖 97

三十五、倒地雙折肘擒法

【動作方法】

乙如倒臥地上，甲乘勢騎坐乙之腹上，以兩手握住乙之雙手腕，以雙膝由外挾住乙之兩肘，使乙兩手心貼緊己之胸前，再向左、右用力下按，乙之雙肘重則脫臼，輕亦不能脫開（如圖 98）。

圖 98

【動作要領】

甲向左、右按壓時，臀部勿提起，雙手緊握用力須大。

三十六、倒地壓折肘擒法

【動作方法】

乙俯臥在地上，甲乘勢接近乙之右側，乙伸出右手抓握甲之右肩部準備起立，此時甲迅速以左手在上右手在下壓住對方左肘關節。右膝跪下，膝蓋抵住對方胸部，上身向前俯，雙手用力壓乙肘關節處（如圖 99）。

【動作要領】

右膝跪下以膝蓋抵住乙之腹部，使乙之身體不能搖動。雙手用力置放在乙之肘關節處，向內壓，上身前俯。

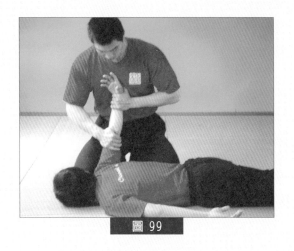

圖 99

三十七、倒地緘法

【動作方法】

　　乙仰倒於地，甲乘勢接近乙之身體左側，左手抓握乙之右手腕，使之手心向上，手背向下，抓住乙之手腕拉引至乙之右肩部。同時自己的右手插入乙右肘下，手背向上，手心朝下，緊握住自己左手背（如圖 100）。

圖 100

【動作要領】

甲之動作要迅速，抓握部位要正確。左、右手要協同一致。

三十八、倒地十字折肘法

【動作方法】

乙仰倒於地上，甲乘勢接近乙身體左側，右手在上，左手在下緊抓住乙之左手腕，夾置在甲之兩腿中間（使乙之手心向上，手背向下），同時左腳彎曲，右腳膝彎置於乙之前頸部，左腳背抵住乙右腰部身體向後仰，同時雙腿將乙左臂夾緊，雙手抓住乙左臂向下扳壓折，同時腹部用力向上挺（如圖 101）。

【動作要領】

甲之雙手向前拉，雙腳後蹬，同時要挺腹，才能發揮效果。

圖 101

三十九、倒地挾腳擒法

【動作方法】

乙仰臥倒於地上，甲乘勢抓握其左腳置於己之右腋下挾緊，同時右手小臂由乙之小腿下穿過繞纏於左小臂用力抓緊，左手掌向下按壓乙之膝蓋下方，同時雙腿用力緊控乙之左腿，身體後仰（如圖 102）。

【動作要領】

甲抓挾乙之左腳動作必須敏捷，雙手挾纏其腳與雙腿控絞其左腿，動作更須協同一致。

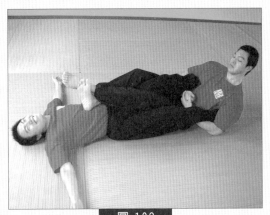

圖 102

四十、坐腹彆腿法

【動作方法】

乙仰臥於地上，甲乘勢騎坐其腹部，並以雙手將乙之右腳抓握。（右手抓其足趾，左手抓其足腕）以己之膝關節及臀部為支點，盡力向內扳壓其被捉之足踝，身體向後仰，以加重壓力使乙就範（如圖 103）。

圖103

【動作要領】

甲向下坐乙之腹部時須用力重壓之，同時雙手應盡量抓握乙之腳部，同時甲之雙腳應踏緊地面使自己身體保平衡穩定。本動作如坐在腹部不易施術時，可坐其大腿跟處更為得心應手。

四十一、倒地挾頸折肘法

【動作方法】

乙如倒於地上，甲乘勢於一側撲倒壓住乙之胸部，以右手由乙之右頸下向上伸，緊挾乙之頸部，以左手抓住乙之右手腕並使手掌反轉向上，然後架於己之右大腿上，猛用力向下壓，則乙之右肘關節必折斷(如圖104)。

【動作要領】

甲必須緊挾乙之頸部，同時以胸部緊壓乙之胸部，使其呼吸困難，動作不便，本動作亦可以甲之左腿勾壓乙之肘關節。

圖 104

四十二、倒地折膝法

【動作方法】

乙仰臥倒地，甲乘勢抓握其左腿，左手抓按其膝關節，右手抓握其腳腕關節，左手用力下壓，右手上抬成弓步，乙之右膝必受重傷（如圖 105）。

【動作要領】

甲之動作要正確、敏捷，其主要著眼處乃在壓折乙

圖 105

之膝關節，特別注意乙之腿必須伸直，另一腿必須置於身體的側面，不使其有反抗動作。

四十三、倒地腿交叉擒法

【動作方法】

乙俯臥倒地，甲乘勢撲側其大腿處，迅速以雙手將乙之雙腿交叉於其身後並向前下全力壓推之，乙必屈服之（如圖 106）。

【動作要領】

甲之動作須快，交叉乙雙腿時可配合打、踢動作更易成功，交叉後全力推壓時，可以一手扳乙之肩部，用膝頂壓其雙腿交叉處。

圖 106

四十四、倒地坐臂擒法

【動作方法】

乙如倒坐地上，甲乘勢以雙手將乙之左手抓住，同時以兩腿挾住乙之左臂，以臀部坐於乙之左大臂下，上

身微向下蹲，將乙之左肘放於己之左大腿上，繼將乙左手心扭之向上，再猛向左下按，則乙之左肘必脫臼（如圖 107）。

【動作要領】

甲之動須快，坐蹲與身體後仰須協同一致，雙手緊抓乙之手腕不得絲毫放鬆，同時要防其口咬與足踢陰部。

圖 107

四十五、倒地崩肘法

【動作方法】

乙仰臥倒於地上，甲乘勢撲近其右側，以左手抓握其右手腕並拉其臂伸直，同時以腹部挺頂其肘，右手握拳撐於其右側頸部，身體坐於地上，右腿彎屈，左腿伸直，身體配合雙手盡力靠近乙之身體（如圖 108）。

【動作要領】

甲之動作須迅速，雙手動作必須密切配合，同時以身體緊壓不使乙有翻身之機會。

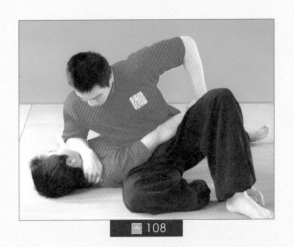

圖 108

四十六、倒地雙腿夾腰勒頸法

【動作方法】

　　乙跌坐地上，甲乘勢撲向乙之身後以右小臂環繞其
前頸向後勒，同時將乙向後拉倒成仰臥，再以雙腿由後
夾纏其腰部，己身亦同樣後倒（如圖 109）。

圖 109

【動作要領】

　甲乘勢撲向乙時動作務必迅速，一旦右臂控制乙之頸部時，必須同時將乙身體向後拉倒，同時雙腿由後伸夾纏乙腰部。

四十七、倒地肩壓勒法

【動作方法】

　乙正面仰倒於地上，甲乘勢身體接近乙之右側，右膝蓋抵住對方右脇下，左腳伸直，左腳抵住地面。使乙右臂伸直向上舉，同時右手環抱乙之頸項，左手抓住己之右手臂，右肩抵壓乙之右肘，頸部俯下靠近乙之頭部（如圖 110）。

【動作要領】

　甲之動作要密切配合，特別注意雙手托住乙之頸部用力勒緊，右肩部向前推，左腳掌用力抵地向前推以加強肩部推壓之力量。

圖 110

第二節　解脫反擒法

解脫反擒法，乃吾人將為敵所制或己被制時使用的方法，解脫反擒法的使用，必須把握時機，巧窺敵隙，充分發揮機智，變化，藉敵人之力，藉敵人之法，反制敵人，欲發揮解脫反擒法的效果，必須發揮週身技術、力量，配合打、摔等動作方能得心應手。

一、腕部小纏

【準備姿勢】甲、乙二人面相對而立，距離一步，兩腳分開與肩同寬，兩臂自然下垂。

【口令】1.腕部小纏。2.準備。3.開始或一、二、三。4.停。

【動作方法】

（一）、乙出右手，手心向下抓握甲之右腕部，甲迅出左手掌心向下，緊壓乙抓握之手背，不使發生空隙或脫開（如圖 111）。

（二）、甲繼以右手四指及腕部，由外向上反壓乙之右手腕，同時左手緊壓乙右腕部不使脫開，左足迅速向後退一步，上體微向後傾，以右掌力反扭壓乙之手腕（如圖 112）。

（三）、聞停之口令即恢復準備姿勢。

（四）、要領：甲雙手動作須配合，全身用力，同時雙肘夾緊垂直，雙手盡力向己胸前靠緊，雙腿成騎馬蹲

圖 111

圖 112

襠姿勢。

二、上步壓指

【準備姿勢】

甲、乙二人面相對而立，距離一步，兩腳分開與肩

同寬，兩臂自然下垂。

【口令】1.上步壓指。2.準備。3.開始或一、二、三。4.停。

【動作方法】

（一）、乙上右步出右手手心向下抓握甲之右手腕，甲退右腳順勢將右手上抬至胸前，同時左手緊壓乙之手背上，右手用力向上反扭之，敵必用抗力（如圖 113）。

（二）、甲迅速上右足，同時以右肘向前上繞緊夾敵之肘彎處於右胸前，兩腿微彎，左手緊壓其拇指不使脫開（如圖 114）。

（三）、甲左手迅即反手移握敵右手腕部反扭之，右肘仍緊夾，並以右手掌用力按壓乙之左面部（如圖 115）。

（四）、停之口令即恢復準備姿勢。

圖 113

圖 114

圖 115

　　（五）、要領：甲右手向上反扭乙右手腕時，乙必用抗力，甲趁此時機迅速上右步，以右肘擊乙之面部，同時反折乙之右手大拇指，甲之左手拇指必須控制乙之右手拇指不須脫開，同時身體成馬步下蹲姿勢。

三、腕部大纏

【準備姿勢】甲、乙二人面相對而立，距離一步，兩腳分開與肩同寬，兩臂自然下垂。

【口令】1.腕部大纏。2.準備。3.開始或一、二、三。4.停。

【動作方法】

（一）、乙出右手抓握甲之右手腕部，甲稍以右掌微向上抵抗，左腳上一步，突出左手由敵人右手內方向外握在自己之右手及敵人手上。身體同時向右側轉（如圖116）。

（二）、甲繼以原姿勢，退左腳轉正，同時身體下蹲，右手迅速用力向前下推壓，上體前傾，左手緊壓乙右手臂向己懷內下用力（如圖117）。

（三）、聞停之口令即恢復準備姿勢。

圖 116

圖 117

（四）、要領：左、右手不可有一絲放鬆，手之下壓
與上體前俯須協同。

四、接腕壓肘

【準備姿勢】甲、乙二人面相對而立，距離一步，
兩腳分開與肩同寬，兩臂自然下垂。

【口令】1.接腕壓肘。2.準備。3.開始或一、二、
三。4.停。

【動作方法】

（一）、乙出右手抓握甲之左腕部，甲迅速出右手以
掌扣緊乙抓來之手腕，同時左腳向前踏出半步，左手虎
口向上猛頂乙之腕部關節，同時左、右手合力向左、右
方扭摔乙之手腕（如圖 118）。

（二）、甲左腳稍向乙前移半步，右腳隨之後退，以
左臂自上向上繞過乙之右臂，同時左肘向下猛壓乙之右

肘關節，使乙之臂垂直，右手抓乙之右手腕部向上抬，並向前推之（如圖 119）。

　　（三）、甲右腳向右前方進一大步，同時兩手向右側下方用力拉壓，使乙俯臥倒地，此時速以右手抓乙之右手，左手抓乙之左手，將乙之兩臂向上豎起，同時甲兩腿分開坐於乙之背腰部位（如圖 120）。

圖 118

圖 119

圖 120

五、接肘制腕

【準備姿勢】甲、乙二人並肩而立，距離一步，兩腳分開與肩同寬，兩臂自然下垂。

【口令】1.接肘制腕。2.準備。3.開始或一、二、三。4.停。

【動作方法】

（一）、乙出右手抓甲之左手腕部，甲立即出右手，反抓乙之右手掌背，同時將乙之右手上抬伸直（如圖121）。

（二）、甲以左手小臂由下向上超過乙之右腕，用力向內拉下壓，同時抓乙之右手亦用力向右上扭轉，使乙失去抗力（如圖 122）。

（三）、聞停之口令即恢復準備姿勢。

圖 121

圖 122

太極跤② 擒拿術

　　（四）、要領：甲反抓之右手掌背時，應迅速將乙之右手臂向上，向前抬，使之完全伸直，雙手協力以制其腕，左肘向下，向內拉壓，以制其手腕與肘關節。本動作擒者姿勢爲直立，不須下蹲。

六、反擒壓肘

【準備姿勢】甲、乙二人並肩而立，距離一步，兩腳分開與肩同寬，兩臂自然下垂。

【口令】1.反擒壓肘。2.準備。3.開始或一、二、三。4.停。

【動作方法】

（一）、乙以右手抓握甲之左腕部，甲右腳稍向右側出半步，出右手緊扣乙之右手背上，甲同時左手向上抬，使乙之右手伸直（如圖 123）。

（二）、甲以左肘由上向下壓住乙之右腕用力向右後轉扭壓，右手仍緊壓其腕關節（如圖 124）。

圖 123

圖 124

（三）、停之口令即恢復準備姿勢。

（四）、要領：甲右手抓握乙左手背時，甲之左手肘必須迅速超過乙之右手臂，同時甲以左肘向後下猛壓乙之小臂，為增加合力甲之身體必須配合動作下蹲。

七、拿腕制臂

【準備姿勢】甲、乙二人並肩而立，距離一步，兩腳分開與肩同寬，兩臂自然下垂。

【口令】1.拿腕制臂。2.準備。3.開始或一、二、三。4.停。

【動作方法】

（一）、乙右手抓握甲之左腕部，甲即出右手緊抓乙之右手，同時向右前上一步，左手迅速提臂上舉將乙之右臂拉直（如圖 125）。

（二）、甲繼以左肘壓其臂肘向下，使之成垂直狀以

壓力將乙臂向懷內帶引，同時左手向上移抓腕部反扭之，右手下握其肘關節處，使之彎曲成人字狀（如圖126）。

（三）、甲之右足向前邁一大步，雙手順勢拖拉使乙俯臥，同時將其右肘反折，扭轉至其背部，以左足掌入其肘彎處向前抵壓，左膝抵其關節部，臀部坐於乙之腰部（如圖 127）。

圖 125

圖 126

図 127

（四）、要領：甲雙手部位不管如何變換，必須注意動作盡量快，本動作重點乃在拿其手腕，制其肘關節，因此扭擰其腕，反折其肘為動作之關鍵。

八、腕部小纏反擒法

【準備姿勢】甲、乙二人面相對而立，距離一步，兩腳分開與肩同寬，兩臂自然下垂。

【口令】1.腕部小纏反擒法。2.準備。3.開始或一、二、三。4.停。

【動作方法】

（一）、乙出右手手心向下抓握甲之右手腕，甲迅出左手掌心向下，緊壓乙抓來之手背，不使發生空隙或脫開（如圖 128）。

（二）、甲繼以右手四指及腕部，由外向上反壓乙之右手腕，同時左手緊壓乙右腕部不使之脫開，左足迅速

圖 128

圖 129

向後退一步，上體微向前傾，以右掌力反扭壓乙之手腕將乙擒住（如圖 129）。

（三）、乙以左手由下向上穿過甲之兩臂，同時抓握甲之左腕，繼用全力猛向前下反扭，上體猛然起立，再向前下傾，則甲手不能逃脫（如圖 130）。

（四）、聞停之口令即恢復準備姿勢。

圖 130

（五）、要領：本動作最重要的訣竅，即在於被擒者左手由下方向上伸出抓住擒者左腕同時向前，下反扭的一剎那間，做此動作必須全身力量集中，抓握部正確方能產生效果。

九、領部解脫反擒法之一

【準備姿勢】甲、乙二人面相對而立，距離一步，兩腳分開與肩同寬，兩臂自然下垂。

【口令】1.領部解脫反擒法之一。2.準備。3.開始或一、二、三。4.停。

【動作方法】

（一）、乙出右手緊抓甲之衣領時，甲即出右手抓乙手腕部向懷內緊壓，不使脫開（如圖 131）。

（二）、甲繼出左手與右手密接之，同時向後略退右足，身體向右側轉體兩足不動，雙手合力緊壓。上體前傾用全力折其手腕（如圖 132）。

圖 131

圖 132

（三）、聞停之口令即恢復準備姿勢。

（四）、要領：甲雙手合力緊壓乙之手腕關節時，上體必須前傾，右足後退成弓步，兩大臂夾緊。

十、領部解脫反擒法之二

【準備姿勢】甲、乙二人面相對而立，距離一步，兩腳分開與肩同寬，兩臂自然下垂。

【口令】1.領部解脫反擒法之二。2.準備。3.開始或一、二、三。4.停。

【動作方法】

（一）、乙用右手心心向下抓將甲之衣領，如拉走狀（如圖 133）。

（二）、甲速以右手扣握乙之手背，以手指扣緊其手掌緣，身向右猛力轉動，使乙手腕部向上（如圖 134）。

（三）、甲左手握拳，屈臂向上以左大臂後端，挾壓乙右手腕部，上體前傾（如圖 135）。

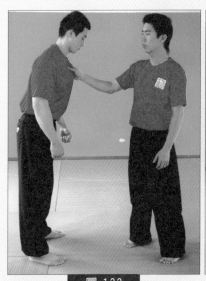

圖 133

圖 134

圖 135

（四）、聞停之口令即恢復準備姿勢。

（五）、要領：甲右手抓握乙之右手腕時，必須迅速轉體向右同時左大臂盡力上舉，然後猛壓夾之。身體四肢力量務必集中，使之充分發揮於擒制部位。

十一、領部解脫反擒法之三

【準備姿勢】甲、乙二人面相對而立，距離一步，兩腳分開與肩同寬，兩臂自然下垂。

【口令】1.領部解脫反擒法之三。2.準備。3.開始或一、二、三。4.停。

【動作方法】

（一）、乙用右手抓將甲之領部，並扭轉手掌，使手心向上，成反握狀（如圖 136）。

（二）、甲以左手心向下，扣緊乙之右手同時右手抓乙之右肘（如圖 137）。

（三）、身向左側方轉體，同時右手手心向上抓握乙

圖 136

圖 137

圖 138

之右肘關節，盡力向上抬其肘，左手用力向身後拉，左足上前一步，以頭部右側頂住乙頭側頸部使之不能轉動（如圖 138）。

（四）、聞停之口令即恢復準備姿勢。

（五）、要領：甲使用此術時必須雙手動作確實配合，其訣竅在左手扣扭乙之手腕，右手上抬乙之肘，同時要注意以己之頭部頂緊乙之頭部使之不能轉動，必被我所制。

十二、領部解脫反擒法之四

【準備姿勢】乙立於甲背後，距離一步，兩腳分開與肩同寬，兩臂自然下垂。

【口令】1.領部解脫反擒法之四。2.準備。3.開始或一、二、三。4.停。

【動作方法】

（一）、乙出右手自後緊抓甲之後領部，甲即速以右

圖 139　　　　　　　圖 140

手掌向後下抓握乙之腕部並緊壓之（如圖 139）。

（二）、甲以頭部向左轉體後視之，突出左掌向上頂乙之肘關節（如圖 140）。

（三）、聞停之口令，即恢準備姿勢。

（四）、要領：此動作之要訣，在甲右手向後抓握乙手之同時必須迅速右轉體，以左掌上頂乙之肘關節，時間與動作必須配合得恰到好處，方能制伏敵人。

十三、肩部解脫反擒法之一

【準備姿勢】甲、乙二人面相對而立，距離一步，兩腳分開與肩同寬，兩臂自然下垂。

【口令】1.肩部解脫反擒法之一。2.準備。3.開始或一、二、三。4.停。

圖 141　　　　　　　　　　　　　圖 142

【動作方法】

　　（一）、乙出右手緊抓甲之左肩部，甲速以右手反抓乙之右手腕部並緊壓之（如圖 141）。

　　（二）、甲繼向右轉體，並將左肘上舉以大臂中端向下猛壓乙之手腕（如圖 142）。

　　（三）、聞停之口令即恢復準備姿勢。

　　（四）、要領：甲右手抓握乙右手之同時，身體必須急速右轉，以左大臂由上向下猛壓乙之手腕，其腕必折。

　　十四、肩部解脫反擒法之二

　　【準備姿勢】甲、乙二人面相對而立，距離一步，兩腳分開與肩同寬，兩臂自然下垂。

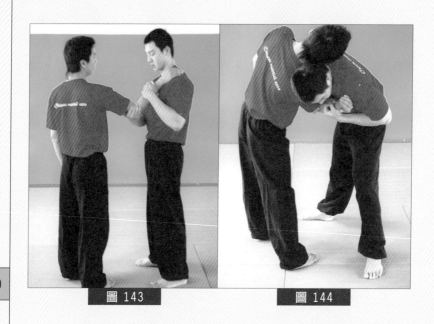

圖 143　　　　　　　圖 144

【口令】1.肩部解脫反擒法之二。2.準備。3.開始
一、二、三。4.停。

【動作方法】

（一）、乙出右手手心向下抓握甲之左肩部，同時屈
肘作拉走狀。甲即速以左手抓住乙之右手腕並緊壓之
（如圖 143）。

（二）、甲繼出右手由下方手心向上抓握乙之右肘關
節，向上猛抬其肘，同時頭部向前伸以頭部左側頂住乙
之頭部，並成左弓步（如圖 144）。

（三）、聞停之口令即恢復準備姿勢。

（四）、要領：本動作之著眼點在於左、右手之協
同作用，當右手上抬乙肘時，左手同時向前推乙之右手

圖 145

腕，如此必折斷乙之肘、肩關節。

　　十五、肩部解脫反擒法之三

　　【準備姿勢】甲、乙二人面相對而立，距離一步，
兩腳分開與肩同寬，兩臂自然下垂。

　　【口令】1.肩部解脫反擒之三。2.準備。3.開始或
一、二、三。4.停。

　　【動作方法】

　　（一）、乙出右手手心向下抓住甲之左肩部，甲速以
右手向下緊壓乙之右手（如圖 145）。

　　（二）、甲繼出左手反抓乙之胸襟部位，右足同時後
退並向右後轉體，眼向右後視，左肩用力將乙臂扭轉伸
直使乙俯臥倒地（如圖 146）。

圖 146

圖 147

　　（三）、甲繼以左足迅速跨過乙之右臂，坐於乙之肩
上，將其右手伸直置於兩膝間，雙手握其手向上搬而使
其失去抵抗力（如圖 147）。

（四）、聞停之口令即恢復準備姿勢。

（五）、要領：甲出左手反抓乙之胸襟部位之同時，用右足向後打乙之腿，此兩動作必須協同一致，才能將乙摔倒在地，然後再按要領控制乙之手臂。

十六、腰部解脫反擒法之一

【準備姿勢】甲、乙二人同向而立，距離一步，兩腳分開與肩同寬，兩臂自然下垂。

【口令】1.腰部解脫反擒法之一。2.準備。3.開始或一、二、三。4.停。

【動作方法】

（一）、乙右手手心向上抓甲前腰帶部位，甲即以右手掌心向上緊抓乙之右手腕（如圖 148）。

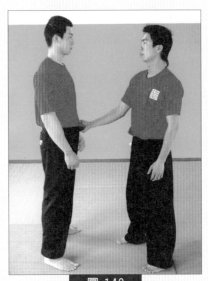

圖 148

圖 149

　　（二）、甲繼出左手以左手肘之力量，猛然由乙之右肘關節處向上反折其臂，同時右手將乙之手腕向自己腹部用力吸引（如圖 149）。

　　（三）、聞停之口令即恢復準備姿勢。

　　（四）、要領：甲右手抓握乙右手腕時須向內拉帶乙之手腕，同時左手必須盡快由下向上猛反折乙之手肘之必就範。

十七、腰部解脫反擒法之二

　　【準備姿勢】甲、乙二人同向而立，距離一步，兩腳分開與肩同寬，兩臂自然下垂。

【口令】1.腰部解脫反擒法之二。2.準備。3.開始或一、二、三。4.停。

【動作方法】

（一）、乙右手手心向下抓握乙之前腰帶，甲以右手掌心向上執乙抓來之右手腕部（如圖 150）。

（二）、甲左足稍向前半步，同時出左手伸直以掌抵乙之腹部位，右足向後倒退一大步，將乙拉倒俯臥地上（如圖 151）。

（三）、甲右手仍緊握乙之右手腕，俟乙倒地後以右手抓其腕部，左手抓乙肘關節，將其臂向前反折，並以左足穿入乙之右肘中，同時以左臀坐於乙之臀部上（如圖152）。

圖 150

圖 151

圖 152

　　（四）、聞停之口令即恢復準備動作。

　　（五）、要領：甲以右手手心向上抓扣乙之右腕後，迅速撤步崩摔之動作，將乙摔倒俯臥地上，然後再制其臂腕關節。

十八、腰部解脫反擒法之三

【**準備姿勢**】乙立於甲背後，距離一步，兩腳分開與肩同寬，兩臂自然下垂。

【**口令**】1.腰部解脫反擒法之三。2.準備。3.開始或一、二、三。4.停。

【**動作方法**】

（一）、乙出右手，手心向下抓甲之後腰帶，甲以左手掌心向上，由下緊握乙抓來之手腕（如圖 153）。

（二）、甲右足向後退半步，身體向右後轉體一八〇度，同時身體下蹲，以右臂穿繞至右肩上，須注意務使乙之右臂反向靠自己之右肩，同是身體向前傾，右手按乙頸部或下顎處，向前上推壓以折乙肘，左手緊握其右

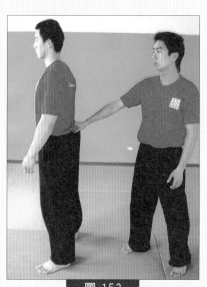

圖 153

圖 154

手腕不使脫逃（如圖 154）。

（三）、聞停之口令即恢復準備姿勢。

（四）、要領：甲以右手掌心向下於背後抓乙之右腕時，必須盡速轉身並縮蹲身體，以右臂由下向上穿過乙之右肘關節，猛用力推乙之下顎，同時弓背以折乙肘。

十九、腰部解脫反擒法之四

【準備姿勢】乙立於甲背後，距離一步，兩腳分開與肩同寬，兩臂自然下垂。

【口令】1.腰部解脫反擒法之四。2.準備。3.開始或一、二、三。4.停。

【動作方法】

（一）、乙出右手手心向下抓甲之後腰帶，甲以右手

掌心向下向後握乙之右手腕（如圖 155）。

（二）、甲左足後退半步，同時以左手由左側上方繞過乙之右大臂緊頂乙之右肘關節，手掌反貼於乙之小腹上用力向下按壓，右手緊握乙之右手腕不使脫逃（如圖 156）。

（三）、甲左足向右側方踏出一大步，右足隨之跟進，右手用力拉，左臂彎用力抵壓其肘關節，將乙摔倒於地上，左足跪地靠緊乙之腰部，右腿自然屈立（如圖 157）。

（四）、甲左手迅速握乙右手，右手抓乙之肘尖處，將乙之手臂反折，並以左膝抵其臀部上（如圖 158）。

（五）、聞停之口令即恢復準備姿勢。

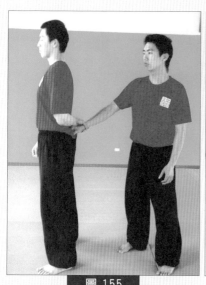

圖 155

圖 156

圖 157

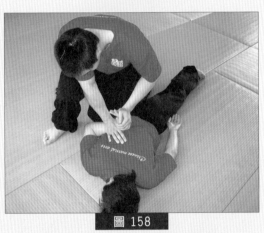

圖 158

（六）、要領：甲必須先以崩的動作將乙摔倒，然後再反折其臂肘，以控制之。

二十、前抱解脫法

【準備姿勢】甲、乙二人面相對而立，距離一步，兩腳分開與肩同寬，兩臂自然下垂。

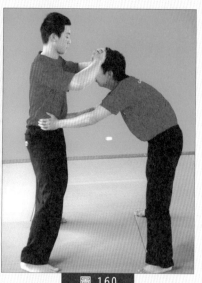

圖 159　　　　　　　　圖 160

【口令】1.前抱解脫法。2.準備。3.開始或一、二、三。4.停。

【動作方法】

（一）、乙右足向前一步，雙手由甲脇下向後抱甲之腰部（如圖 159）。

（二）、甲即以兩手拇指和食指抓乙之兩耳，中指直插乙之耳穴門，或以雙掌推乙前額（如圖 160）。

（三）、聞停之口令即恢復準備姿勢。

（四）、要領：甲雙手抓握乙之雙耳時動作務求迅速，部位必須正確，同時必須將乙之頭部向前猛力推出。

二十一、圍臂前抱解脫法

【準備姿勢】甲、乙二人面相對而立，距離一步，兩腳分開與肩同寬，兩臂自然下垂。

【口令】1.圍臂前抱解脫法。2.準備。3.開始或一、二、三。4.停。

【動作方法】

（一）、乙右腳上前一步，兩臂擁抱甲之小臂向體後圍抱甲之腰間（如圖 161）。

（二）、甲速以兩手掌向前猛抓乙之陰部或提膝撞其下體（如圖 162）。

（三）、聞停之口令即恢復準備姿勢。

（四）、要領：用雙手向前抓乙之陰部，與提頂乙之

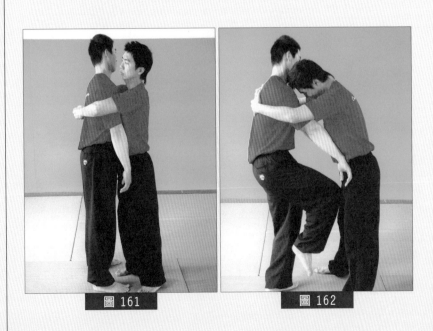

圖 161　　圖 162

擋部，應同時動作。

二十二、後抱解脫法

【準備姿勢】乙立於甲背後，距離一步，兩腳分開與肩同寬，兩臂自然下垂。

【口令】1.後抱解脫法。2.準備。3.開始或一、二、三。4.停。

【動作方法】

（一）、乙上右腳，雙手由後向前由甲脇下穿過將甲之腰部圍抱之（如圖 163）。

（二）、甲迅速以左、右肘猛然轉體擊打乙之左、右耳部（如圖 164）。

（三）、聞停之口令即恢復準備姿勢。

圖 163

圖 164

（四）、要領：甲除迅速轉體，以肘打擊乙之耳部外，必須先身體下蹲，以懈其力，同時 可以後腦部用力打擊乙之面部，或扳乙之手指。

二十三、圍臂後抱解脫法

【準備姿勢】乙立於甲背後，距離一步，兩腳分開與肩同寬，兩臂自然下垂。

【口令】1.圍臂後抱解脫法。2.準備。3.開始或一、二、三。4.停。

【動作方法】

（一）、乙上右腳一步，雙手由甲之身後連臂圍抱之（如圖 165）。

（二）、甲兩膝前曲，上體前傾，臀部向後乘勢兩肘

圖 165

圖 166

向上向前將乙後抱之手衝開，甲上體立即向右轉體，猛以右肘向右擊乙之腹部或腰、肋部位（如圖 166）。

（三）、聞停之口令即恢復準備姿勢。

（四）、要領：當被乙圍抱時，甲之反應動作必須立即發出，身體下蹲，雙肘上抬，同時迅速轉身以全力打擊乙之身體。

二十四、頭部解脫反擒法之一

【準備姿勢】甲、乙二人面相對而立，距離一步，兩腳分開與肩同寬，兩臂自然下垂。

【口令】1.頭部解脫反擒法之一。2.準備。3.開始或一、二、三。停。

圖 167　　　　　　圖 168

【動作方法】

（一）、乙出右手緊握甲之前頭髮，甲速以右手向下壓住乙抓來之手，同時左手亦由下向上緊握乙之腕關節，與右手密接之（如圖 167）。

（二）、甲左腳向乙雙足中央踏出一步，以左手小臂與肘扣壓乙之肘關節，同時身體稍向右轉使乙之右臂成垂直狀，此時右手抓乙之手腕部盡力將乙之手腕向外向下反折（如圖 168）。

（三）、聞停之口令即恢復準備姿勢。

（四）、要領：雙手緊按抓乙之手部，迅速轉身擰壓乙之肘、肩、腕關節。轉身與換手之時不得有一絲之鬆懈，轉身後必須以左膝部頂緊乙之右腹、胸部使之不得反抗。

圖 169　　　　　　　　　　　　　　圖 170

二十五、頭部解脫反擒法之二

【準備姿勢】乙立於甲背後，距離一步，兩腳分開與肩同寬，兩臂自然下垂。

【口令】1.頭部解脫反擒法之二。2.準備。3.開始或一、二、三。4.停。

【動作方法】

（一）、乙出右手掌心向下抓握甲後頭髮，甲速出右手向後反扣緊壓乙抓來之手，並用頭向前拉（如圖169）。

（二）、甲身體隨即向左後轉體，左足隨之稍後退半步，迅即以左手由下向上（掌心向上）虎口正對自己握其肘尖，頭略向後仰，此時右手盡力扣壓乙抓來之手不使脫開，全力以斷其肘（如圖 170）。

（三）、聞停之口令即恢復準備姿勢。

（四）、要領：當乙自後抓握己頭髮之同時，甲必須以最迅速之身手，以雙手緊抓乙之手部，迅速轉身反頂乙肘，特別注意身體向前拉與頭向上頂及雙手緊緊下壓動作之正確配合。

二十六、頭部解脫反擒法之三

【準備姿勢】乙立於甲背後，距離一步，兩腳分開與肩同寬，兩臂自然下垂。

【口令】1.頭部解脫反擒法之三。2.準備。3.開始或、一、二、三。4.停。

【動作方法】

（一）、乙右手掌心向下抓握甲之後頭髮，甲速出右手扣緊乙抓來之手，左手隨即密接右手下方扣壓之（如圖 171）。

（二）、甲雙手用力扣緊乙之手不使脫開，同時右腿彎屈，此瞬間左腿瞬即向右側跨一大步，身體向右後轉一八〇度。使乙右肘向上，然後以頭部用力向前上方頂，乙必不支（如圖 172）。

（三）、聞停之口令即恢復準備姿勢。

（四）、要領：甲向後抓握乙手部之動作必須盡量快，一旦抓握乙之手部後應迅速跟步轉身，同時以頭部頂折其手腕關節，此時雙手必須用力向下緊壓乙之手腕使乙不致脫逃。

圖 171　　　　　　　　　　圖 172

二七、破除雙手握臂反擒法

【準備姿勢】甲、乙二人面相對而立，距離一步，兩腳分開與肩同寬，雙臂自然下垂。

【口令】1.破除雙手握臂反擒法。2.準備。3.開始或一、二、三。4.停。

【動作方法】

（一）、乙左足向前一步，用左手握抓甲右大臂，右手抓握乙之右手腕（如圖 173）。

（二）、甲左足上前一步，將自己右小臂立起於胸前，左手經過乙之胸前扣握乙之右手背（如圖 174）。

（三）、甲右臂彎屈，對正乙的右肩，右手扣握其手

圖 173

圖 174

圖 175

太極跤② 擒拿術

腕，用全力向下扳壓，上右腿在乙身後蹩其腿（如圖175）。

（四）、聞停之口令，恢復準備姿勢。

（五）、要領：乙抓握甲之臂之同時，甲必須上左足一步同時右臂向上豎直，向下壓乙之手腕時，身體亦應前傾，協助雙手壓乙之手腕關節。

二十八、抓擄前領襟被攻反擒法

【準備姿勢】甲、乙二人面相對而立，距離一步，兩腳分開與肩同寬，兩臂自然下垂。

【口令】1.抓擄前領襟被攻反擒法。2.準備。3.開始或一、二、三。4.停。

【動作方法】

（一）、甲左足上前一步，用右手抓捋乙之衣領，乙以右手拍抓甲的右手背上，欲作反抗（如圖176）。

（二）、甲速出左手抓握乙的右臂肘，並向自己身前掣拉，同時右腳邁於乙之右側腿後（如圖177）。

（三）、甲繼以右腿猛向後掛踢乙之右腳，同時原抓握乙衣領之右手盡量向其喉部頂推，必可使乙仰倒地上（如圖178）。

（四）、聞停之口令即恢復準備姿勢。

（五）、要領：甲使用此術時，必須在乙將使用領部解脫反擒術之初，即刻把握時機，雙手合力並以右腿協同將乙摔倒擒服之。

太極跤② 擒拿術

圖 176

圖 177

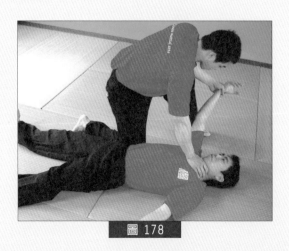

圖 178

二十九、破除鎖喉反擒法

【準備姿勢】乙立於甲背後，距離一步，兩腿分開與肩同寬，兩臂自然下垂。

【口令】1.破除鎖喉反擒法。2.準備。3.開始或一、二、三。4.停。

【動作方法】

（一）、乙以後鎖頸法，欲擒甲時，甲頭部向下低，下顎盡量向後收（如圖 179）。

（二）、甲同時雙手把握乙之右臂，猛力向前下方背摔，將乙摔落面前（如圖 180）。

（三）、甲將乙摔落面前後，雙手仍抓握其右手臂不放，同時以左手握乙之右手背，右手握乙之肘關節，雙

圖 179

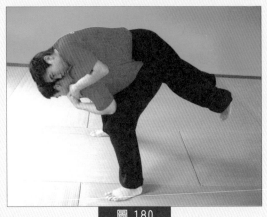

圖 180

圖 181

手向內按壓控制乙之手腕關節（如圖 181）。

（四）、聞停之口令即恢復準備姿勢。

（五）、要領：乙剛向甲施後鎖頸之瞬間，甲迅速低頭屈膝彎腰，雙手緊抓乙之右臂，猛抬臀部將乙摔落面

前，此術之發揮必須依靠全身之配合，不得有絲毫之遲疑。

三十、倒地反擒法（破單手叉喉）

【動作方法】

甲仰臥倒地上，乙乘勢撲向甲之身上，以右手虎口叉握甲之喉部（如圖 182）。

此時甲以左手腕攔擋乙之右手，同時順手反抓乙之右手腕，再以右手腕內側由乙之右手臂內向下猛帶乙之右手，同時左手向外推乙之右手，甲之身體猛力向右上反（如圖 183）。

甲反起身體後雙手控制乙之右手臂，坐於乙之右腰部（如圖 184）。

(二)動作要領：甲之動作必須快，同時手、足、身體均應協調，本動作之重點就在左手攔擋，右手下掛反身之剎那間制伏之。

圖 182

圖 183

圖 184

三十一、倒地反擒法之二（破雙手叉喉）

【準備姿勢】

甲仰臥、乙騎坐甲胸，腹部，以雙手叉甲之喉（如圖 185）。

圖 185

圖 186

【動作方法】

（一）、甲立即雙手緊抓乙雙手腕，同時兩腿高舉上抬置於甲雙肩位置同時猛力下壓（如圖 186）。

（二）、將乙壓倒背部倒地，同時放開右手，以右肘向下砸擊乙之褲部（如圖 187）。

圖 187

三十二、倒地反擒法之三（破俯臥背後右勒頸）

【動作方法】

（一）、甲俯臥、乙騎坐甲背部、以左小臂鎖甲之喉部（如圖 188）。

圖 188

圖 189

圖 190

　　（二）、甲立即收下顎縮頭，同時雙手抓握乙之左小臂（如圖 189）。

　　（三）、甲雙腿迅速屈膝（如圖 190）。

　　（四）、甲雙腳蹬地，臀部上抬，雙手用力拉甲左小臂向前滾摔。

三十三、倒地反擒法之四（勾腳蹬膝反制）

【動作方法】

（一）、甲側臥、乙左腿進入甲兩腿之間，甲右足由外側勾住乙左腳跟（如圖 191）。

（二）、甲右腳向上提起同時屈膝，用力向前蹬踹乙之膝蓋（如圖 192）。

圖 191

圖 192

三十四、倒地反擒法（側臥倒地剪腿摔拿）

【動作方法】

（一）、將甲摔成側倒，並繼續攻擊（如圖 193）。

（二）、甲俟乙兩腿進入甲分開之兩腿時（如圖 194）。

圖 193

圖 194

圖 195

（三）、甲伸左腳勾住乙後腳之跟，右腿上抬，甲右小腿用力向後猛打乙雙腿膝關節乙必倒地（如圖 195）。

三十五、倒地反擒法之六（三角鎖）

【動作方法】

（一）、甲仰臥、乙騎坐甲胸、腹部並以右拳擊甲之頭部（如圖 196）。

圖 196

图 197

（二）、甲雙手握緊乙之手臂並抬起雙腿交纏夾乙之手臂必頭部位（如圖 197）。

擒拿動作演練示範人員：中國文化大學國術系學生楊志源、黃家榮。

太極跤② 擒拿術

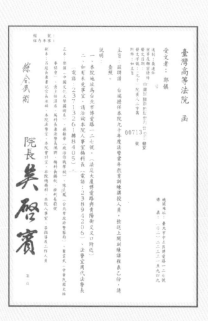

臺灣高等法院　聘請　函

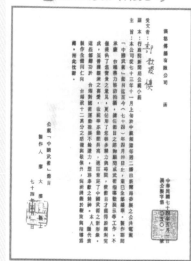

漢格傳播有限公司　感謝　函

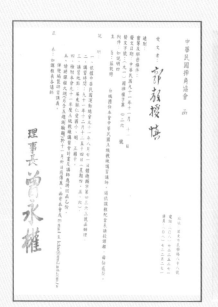

中華民國摔角協會
聘任 A 級敎練講師

參加 1994 年海峽兩岸
國術學術研討會

中華民國角力協會　授六段證書

中華民國角力協會　秘書長聘書

國外研習參與活動證書

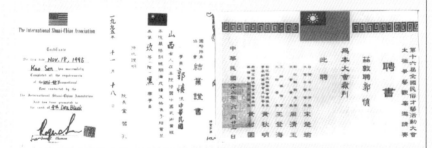

國際摔角協會　玖等黑帶　證書

第十六屆全國民俗才藝活動大會
太極拳藝觀摩邀請賽　裁判　聘書

第二十屆全省運動會男子摔角
重量級冠軍

南海太極學苑　講師聘函

中華民國太極拳總會　講師聘函

國立體育學院　聘函

健美　國家級教練證

角力　國家級教練證

2003年北京・延慶中國式摔跤
國際邀請賽　裁判證

舉重　國家級教練證

中華民國玄牝太極健康導引學會

簡　介

　　玄牝太極健康導引學會（簡稱玄牝太極學會）成立於民國九十三年一月，這是一個由一群在各種武術均有所專長以及對於中國武術文化懷抱著一股熱忱的人所組成的新團體。透過多樣化的推廣活動，玄牝太極學會致力於將中國傳統功法介紹給大家，包括：太極拳、八段錦、易筋經、易骨經、洗髓經與五禽戲等等，在學習這些功法的過程中，我們期待每一個人都可以因此而建立正確積極的健康觀念，並進而改善自己的身心狀況、提升每一天的生活品質。

　　許多人好奇爲什麼取名「玄牝」？這兩個字到底又是什麼意思呢？「玄牝」一詞出於老子道德經第六章：「谷神不死，是謂玄牝。玄牝之門，是謂天地根。綿綿若存，用之不勤。」，代表著天地之間萬物陰陽相生、生生不息，一方面我們希望學會的推廣活動可以如同太極陰陽相生般地生生不息、長長久久，另一方面也以這樣精神來作爲我們教學推廣的理念，期望可以引導出每一個人身體裡的太極小宇宙，讓每一個人的身心健康也一樣可以生生不息、長長久久！

　　我們希望用這個理念來做爲學會的方向，在各個會員的身體裡帶出來自己的小宇宙。進而大家也可以去影響你四周的人，使他們知道運動的重要性！（活動即是"要活就要動"）

學會宗旨

　　培養每個人運動的好習慣，再加強練武強身的觀念使之成爲文武兼修，有品德、有武德的人。

教學項目

　　太極拳、國術、武術、散打、摔跤、柔道、八極拳、八卦掌、六合螳螂、養生氣功、瑜伽、強力瑜伽、提拉彼斯、八段錦、易筋經、五禽戲……等等，能增進健康的運動。

邱志瑤理事長簡介

聯合國大學 IOU 武術碩士

文化大學國術系

德育護專（經國技術學院）食品營養科

國術、武術、太極拳、摔跤、民俗運動國家級教練與國家級裁判

會址：台北市北投區中和街 47 號 3F

TEL：2897-8883

Fax：5586-9229

參考資料

一、武術學概要，雷嘯天著，自由出版社印行。

二、擒拿術：陳泮嶺著，眞善美出版社印行。

三、柔道學：黃滄浪著，憲兵學校印刷所印行。

四、摔角術：常東昇著，永華印刷廠印行。

五、鷹爪門擒拿術：劉法虛編著，五洲出版社印行。

六、國柔術護衛法：李英昂著，大眾書局印行。

七、柔道：李劍琴編，華聯印刷公司印行。

八、國術訓練教材：李元智著，國防部總政戰部印行。

九、擒拿術：潘文斗編著，憲兵學校印刷所印行。

十、國軍戰鬥體育教材：潘文斗等著，國防部總政戰部印行。

十一、國術教材：董正鈞編著，台灣省國術協會印行。

十二、擒拿術教材：郭愼編著，復興崗學院印行。

大展好書　好書大展

品嘗好書・　冠群可期